Friedrich von Flotow

Alessandro Stradella

Oper in drei Aufzügen

Friedrich von Flotow

Alessandro Stradella
Oper in drei Aufzügen

ISBN/EAN: 9783743699793

Hergestellt in Europa, USA, Kanada, Australien, Japan

Cover: Foto ©Thomas Meinert / pixelio.de

Weitere Bücher finden Sie auf **www.hansebooks.com**

Alessandro Stradella.

Oper in drei Aufzügen.

Musik von Friedrich von Flotow.

Text zu den Gesangsstücken.

München, 1877.

Kgl. Hof- u. Universitäts-Buchdruckerei von Dr. C. Wolf & Sohn.

Perſonen.

Aleſſandro Stradella, Sänger.
Baſſi, ein reicher Venetianer.
Leonore, ſeine Mündel.
Malvolio,
Barbarino, } Banditen.

Schüler Stradella's. Masken. Diener. Römiſche Landleute.
Patricier.

Die Handlung geht im erſten Aufzuge in Venedig, im
zweiten und dritten Aufzuge in der Gegend bei Rom,
Stradella's Geburtsort, drei Monate ſpäter vor ſich.

Erster Aufzug.

(Platz in Venedig.)

1. Scene.

Strabella und einige seiner Schüler.

Nr. 1.

Chor.

In des Mondes Silberhelle,
Durch die stille Nacht,
Trag' uns, Gondel, sanft zur Stelle,
Wo das Liebchen wacht.
Durch der hohen Marmorbogen
Stolze Pracht
Schaukelt uns, ihr blauen Wogen,
Leis' und sacht!

Strabella.

Wohl strahlen schön Venetia's Räume
In der Sonne gold'ner Pracht;
Doch füllen lieblicher noch Träume
Hier die Brust in stiller Nacht.

Chor.

In des Mondes Silberhelle 2c.

Recitativ.

Strabella.

Wir sind zur Stelle, wo die Theure weilet,
Weckt, Freunde, sie mit süßer Melodie;
Das holde Bild, das mit dem Traum' enteilet,
Mal' Wahrheit schöner ihr, als selbst die Fantasie.
Im leisen Chore
Flüstert ihr zu:
Wach' auf, Leonore,
Aus süßer Ruh'!

Chor.

Im leisen Chore ꝛc.

Nr. 2. Serenade.

Strabella
(zum Balkon gewendet.)

Horch, Liebchen! Horch)!
Es singt der Traute,
In Lieb' erglüht,
Zum Klang' der Laute,
Der Minne Lied.
Mag tobend dort die Feier rauschen
In wilder Lust und kühnem Scherz;
Hier kann die Lieb' der Liebe lauschen,
Dem Herzen künden sich das Herz.

Recitativ.

Strabella.

Doch seht: In der Geliebten Zimmer
Erglänzet mit der Kerze Hell'
Dem Harrenden ein Hoffnungsschimmer.
O, Freunde, eilt zur Seite schnell

Und wachet, daß kein Horcher lauscht,
Was Liebe mit der Liebe tauscht.

(Die Schüler entfernen sich.)

2. Scene.

Strabella. Leonore
(auf dem Balkon von Bassi's Haus).

Leonore.
Strabella.

Strabella.

Theure Leonore —
O komm' hervor! Die Liebe winkt.

Leonore.

Nur heimlich! Sacht! Daß nicht zum Ohre
Des Vormunds unser Kosen bringt!
Verrath ist wach — mit Argusblicke
Belauert uns des Argwohns Tücke.

Strabella.

Bin ich nicht da, dich zu beschützen?
Ist nicht mein Leben dir geweiht?

Leonore.

Was kann des Sängers Beistand nützen,
Wo siegreich Macht und Gold gebeut? —
Schon morgen — nach des Vormunds Willen,
Vereint mich ihm der Ehe Band;
Doch eh' soll mich die Woge hüllen,
Als dies verhaßte Brautgewand.

Strabella.
So laß uns flieh'n!

Leonore.

Doch wie entrinnen?
Den Ausgang wehrt der Sölbner Troß.

Strabella.

Wo Lieb' und Treu' auf Mittel sinnen,
Da weichet selbst ein Zauberschloß.

Nr. 3. Notturno.

Strabella.

Durch die Thäler, über Hügel
Führet Liebe uns zum Port.
Liebe, Liebe leiht uns Flügel,
Sie beschützt uns hier und dort.
Liebe lehrt uns Alles wagen,
Schirmt und warnt uns immerbar,
Lehrt uns dulden, lehrt uns tragen,
Muthig trotzen der Gefahr.

Leonore.

Mit dir theilen, mit dir tragen
Will ich Lust und Ungemach,
Ohne Wanken, ohne Klagen
Folgen dir durch's Leben nach;
Mag sich trüb die Zukunft färben,
Mag sie strahlen rosig klar:
Mit dir leben, mit dir sterben,
Sei mein Wahlspruch immerbar.

Beide.

Liebe lehrt uns Alles wagen 2c.

Nr. 4. Finale.

(Jubel und Geräusch in der Ferne.)

Recitativ.

Strabella.

Doch horch! Ein Troß der wilden Schaaren
Naht diesem friedlichen Asyl.
Verborgen, Theure, laß uns harren,
Ob nicht ihr tolles Maskenspiel,
Mit unserm Liebesplan im Bunde,
Beschleunige der Rettung Stunde?

(Sie ziehen sich zurück.)

---

3. Scene.

(Masken aller Art füllen die Scene. Viele tragen Fackeln.)

Chor.

Freudesausen
Jubelbrausen,
Füllt die Lüfte ringsumher —
Und die bunten Masken hausen
In den Hallen auf dem Meer.
Durch die Wogen
Hergezogen,
Nahen Schaaren tief vermummt;
Auf den Straßen
Und Terrassen
Jauchzet Alles, lacht und summt.
Fackelschimmer!
Kerzenflimmer!
Hörnerschall, Trompetenklang!
Welch' Getümmel,
Welch' Gewimmel,
Wonne rings und Lust und Sang. —
Vivat hoch, Prinz Carneval,
Vivat hoch, Prinzessin Freude!

Jubelnd preisen hoch, euch Beide,
Treue Diener, ohne Zahl.

Ballet.

---

4. Scene.

Vorige. Strabella. Später Leonore.

Strabella.

In Jubelchor und frohen Reigen
Mischt gerne sich des Sängers Lied:
Apollo's Schüler darf nicht schweigen,
Wo Komus Segen rings erblüht.

Chor.

Strabella! Strabella!
Willkommen, Meister,
In unsern Reih'n!
Als dienende Geister
Sind Alle wir Dein.

Strabella.

Ein Späßchen gilt's, ein tolles Maskenspiel —
Wollt, Freunde, ihr dem Freunde Beistand leih'n?

Chor.

Den bienenden Geistern befiehl, befiehl!
Wir Alle sind Dein!

Strabella.

So horcht meinen Worten,
Habt Acht, habt Acht!
Mein Liebchen weilt dorten
Vom Argus bewacht;

Doch kaum, daß die Zither
Ertönt ihrem Ohr,
So tritt sie an's Gitter
Verstohlen hervor.

Chor.

Doch kaum, daß die Zither
Ertönt ꝛc.

Stradella
(sich gegen den Balkon wendend).

Horch, Liebchen, horch!
Es singt der Traute
In Lieb' erglüht
Zum Klang' der Laute
Der Minne Lied!
Komm', Liebchen, komm'!

Chor.

Komm', Liebchen, komm'!

Leonore.

Ach! Lockend tönt das Lied des Treuen
In meiner Klause ödes Grab. —
Und ob mir rings Gefahren bräuen,
Fort zieht es mich, zu ihm hinab.

Chor.

Muth! Liebchen! Muth!
Laß uns vollbringen
Die kühne That.
Muth! Liebchen! Muth!
Es muß gelingen,
Die Rettung nah'i.

(Die Masken bringen Strickleitern aus den Gondeln;
Leonore verläßt den Balkon.)

5. Scene.

Vorige. Leonore
(unten hervortretend).

Leonore.

Die Freiheit winkt! O seliges Gefühl —
Habt, Freunde, Dank! Ihr gabt mir neues Leben,
Vereint nun laßt in munt'rer Laune Spiel
Dem Frohsinn und dem Scherze uns ergeben.

Chor.

Vivat hoch, Prinz Carneval!
Vivat hoch, Prinzessin Freude!

---

6. Scene.

Vorige. Bassi
(auf dem Balkon).

Bassi.

Leonore! Leonore!

Leonore.

Wehe! Es ist um mich gethan!

Chor.

Nicht doch, Kind! Zu taubem Ohre
Spricht er. — Unser Scherz hebt an!

Bassi.

Leonore! Leonore!

Weibliche Masken.

Hier, Herr Vormund, sind wir ja!

Bassi.

Leonore! Leonore!

Masken.

Seht den Alten! Ha, ha, ha!

Bassi.

Hülfe! Hülfe! Wache! Sbirren!
Helft mir die Verweg'ne kirren!
Will zügeln,
Sie verriegeln,
Daß sie nie die Freiheit sieht.

(Diener kommen heraus, die Masken stellen sich vor.)

Chor.

Hurtig, hurtig in den Nachen,
Stern der Lieb' wird euch bewachen.
Schaukle, Welle,
Sie zur Stelle,
Wo der Ruhe Glück erblüht.

Leonore und Strabella.
Hurtig! hurtig ꝛc.
Schaukle, Welle,
Uns zur Stelle,
Wo der Ruhe Glück erblüht.

Bassi
(unten).

Packt sie! Greift sie an! Faßt sie, Leute!

Chor.

Sucht sie erst und faßt sie dann!

Bassi.

Hundert Scudi für die Beute!

Chor.

Hundert Prügel für den Mann!

Bassi.

Herzensmündel! Füg' dich willig,
Und dein Frevel sei verzieh'n!

Leonore.

Herzensvormund! War's wohl billig,
Mich dem Feste zu entziehn?

Leonore und Strabella.

Vivat hoch! Prinz Carneval!
Vivat hoch! Prinzessin Freude!

Chor.

Vivat hoch! Prinz Carneval!
Vivat hoch! Prinzessin Freude.

(Strabella und Leonore sind unterdessen, immer von den Masken beschützt, an einer Gondel angelangt. Die Masken zwingen indeß den sich sträubenden Bassi zum Tanz und tragen ihn dann ab).

Zweiter Aufzug.

(Gegend bei Rom. Strabella's Geburtsort. Links das Haus Strabella's mit einem Schilde, worauf eine Glocke, darunter die Aufschrift: alla Campanella. Rechts ein Wirthshaus.

---

1. Scene.

Leonore
(tritt im Brautkleide aus dem Hause rechts.)

Nr. 5. Recitativ.

Leonore.

So wär' es denn erreicht das heiß ersehnte Ziel
Nach langem Wandern! Von Gefahr bedräuet,
Beut Roma, des Geliebten Vaterland,
Dem treuen Paar' ein friedliches Asyl,
Und froh erstrahlt der Tag, an dem ein heilig Band
Zwei Herzen mit des Himmels Segen weihet.

Arie.

Seid meiner Wonne stille Zeugen
Ihr Wolken auf des Himmels Blau,
Du Wald mit deinen Schattenzweigen,
Ihr Blumen auf der bunten Au.
O, trocknet nicht, ihr Gluthenstrahlen,
Den Thau der Blüthen auf der Flur,
Daß glanzvoll sie die Freuden malen
Der neu sich schmückenden Natur.

Alles theile
Unser Glück;
Freundlich weile
Frühlingsblick!
Morgensonne,
Maienduft,
Füllt mit Wonne
Rings die Luft!
Philomele,
Hoch im Grün,
Deine Seele
Hauche hin!
Himmelsthau von Rosen thräne,
Wie das Auge Freude weint;
Strahl' in voller Lenzesschöne,
Tag, der mich dem Theuren eint.
Verhaßter Zwang hielt mich in Banden,
Kein Strahl erhellte meine Nacht!
Daß neu zum Leben ich erstanden,
Dank' ich der Liebe Zaubermacht.
Alles theile
Unser Glück; 2c.

2. Scene.

Bauern und Bäuerinnen mit Blumen und Kränzen.
Später Alessandro.)

Nr. 6. **Glocken-Chor.**

Hört die Glocken!
Freundlich locken
Ihre Klänge zum Altar.
Zu den Hallen
Laßt uns wallen,
Wo sich eint das treue Paar.

In Freudigkeit
Zum Festgeleit
Nah'n der Gefährten Reih'n
Und nehmen Theil
An ihrem Heil
Und jubeln froh darein!

Strabella.

Leonore!

Leonore.

Strabella!

Strabella.

Alles ist bereit —
Der Priester harrt am strahlenden Altar,
Und der Gespielen bunt geschmückte Schaar
Erwartet uns zum festlichen Geleit'!

Leonore und Strabella.

O, frohe Stunde,
Auf immerdar
Ein'st du zum Bunde
Ein treues Paar.

Chor der Mädchen.

Duftender Blüthen
Strahlende Zier,
Huldigung bieten
Wir Mädchen jetzt dir.

Chor.

Hört die Glocken — 2c.

(Sie verlassen im Zuge paarweise die Scene, Leonore und
Strabella folgend.)

———

2

3. Scene.

Malvolio, später Barbarino.

Nr. 7. Duett.

Malvolio

(schleicht herein, in ein Papier blickend).

„An dem linken Strand der Tiber
„Bei dem Hügel rechts vorüber,
„Liegt ein Flecken
„Zwischen Hecken
„Grüner Lorbeer'n, hoch und dicht.
„Dort im Haus zur Campanella
„Wohnet ein Signor Strabella,
„Großer Sänger,
„Mädchenfänger —
„Ihn verfehlen kannst du nicht."
Hier der Flecken — dort die Tiber —
Zwischen Hecken — rechts vorüber —
Dort das Schild zur Campanella —
Ei! Per bacco! — Freund Strabella,
Dich verfehlen kann ich nicht!
Mäuschenstill! — Nichts will sich rühren —
Weder Wort noch Laut zu spüren —
Unverschlossen? — Will es glauben!
Wo nichts ist, fällt's schwer zu rauben.
(Schleicht hinein und schließt die Thüre hinter sich.)

Barbarino

(ebenso wie Malvolio hereinschleichend).

„An dem linken Strand der Tiber
„Bei dem Hügel rechts vorüber,
„Liegt ein Flecken
„Zwischen Hecken
„Grüner Lorbeer'n, hoch und dicht.
„Dort im Haus zur Campanella
„Wohnet ein Signor Strabella,
„Großer Sänger,

„Mädchenfänger, —
„Ihn verfehlen kannst du nicht."
Hier der Flecken — dort die Tiber —
Zwischen Hecken — rechts vorüber —
Dort das Schild zur Campanella —
Eil Per bacco! Freund Strabella,
Dich verfehlen kann ich nicht!
Keine Seele! — Ausgeflogen
Scheint der Sänger — mir gewogen
Ist der Zufall — daß ich spüre
Wie ich schlau den Streich vollführe.
(Will durch's Fenster steigen, Malvolio schleicht zur Thüre
heraus und packt ihn von hinten.)

Malvolio.
Wart, Spion! Ich will dich lehren!

Barbarino.
Teufelssohn! Man kann sich wehren!

Malvolio.
Diebsgesell! Herab den Hut!

Barbarino.
Fahr' zur Höll! Banditenbrut.
(Sie erkennen sich lachend.)

Malvolio.
Ha! ha! ha! Freund Barbarino!

Barbarino.
Ha! ha! ha! Freund Malvolio!

Malvolio.
Dem ich bald den Garaus machte!

Barbarino.
Den ich bald nach Jenseits brachte!

Malvolio und Barbarino.
Ha! ha! ha!

2*

Malvolio.

Herzensfreund! Wie geht's? Was treibt man?

Barbarino.

Alter Burſch! Wie ſteht's? Wo bleibt man?

Malvolio.

Flau der Handel! Schlechte Zeiten!
Pfuſcher, die den Preis verderben!

Barbarino.

Schlechte Kundſchaft bei den Leuten,
Schwer, ſein ehrlich Brod erwerben!

Malvolio.

Und die Frau? Die lieben Kinder?

Barbarino.

Munter! Und bei dir?

Malvolio.

Nicht minder.
Beppo liegt ſchon auf der Lauer,
Stellt dem Wand'rer manche Schlinge,
Und kein Fuchs war jemals ſchlauer.

Barbarino.

Memmo führt ſchon ſeine Klinge,
Sticht nach Puppen wie ein Held,
Ohne daß er jemals fehlt.

Beide
(gerührt).

Brave Kinder! Himmelsluſt
Für die fromme Vaterbruſt.

Malvolio.

Aber ſag' was führt dich her?

Barbarino.

Hab zu: hm! hm!
(Das Zeichen des Todtſtechens machend.)

Malvolio.

So? Versteh!

Barbarino.

Doch du selber! Dein Begehr?

Malvolio
(ebenso).

Auch zu: hm! hm! —! In der Näh!

Barbarino
(heimlich).

Ein Geschäft für einen alten
Zähen Geizhals aus Venedig;
Mach' ein Sängerherz erkalten
Und sein Weibchen frei und lebig!

Malvolio.

Alle Teufel!

Barbarino.

Aber du?

Malvolio.

Ganz curiose! Hör' mir zu:
Ein Geschäft für einen alten
Zähen Geizhals aus Venedig;
Mach' ein Sängerherz erkalten
Und sein Weibchen frei und lebig!

Barbarino.

's ist ein Irrthum!

Malvolic.

Nein, doch! Nein!
Du nur täusch'st dich!

Barbarino.

Kann nicht sein!
(das Papier hervorziehend und lesend)
„An dem linken Strand der Tiber —

Malvolio
(ebenso).

„Bei dem Hügel rechts vorüber —

Barbarino.

„In dem Haus zur Campanella —

Malvolio.

„Wohnet ein Signor Strabella. —

Beide.

„Großer Sänger — Mädchenfänger,
„Ihn verfehlen kannst du nicht."
Ha! ha! ha!
O! Fürwahr ein Spaß zum Lachen,
Beide hier zum gleichen Ziel!
Armer Sänger! Für dich Schwachen
Sind vier Arme fast zu viel!
Alter Sünder! Schlau, wie Keiner,
Gelt! Das nenn' ich auf der Hut!
Besser treffen zwei, als Einer!
Bravo! Brav! Dein Plan war gut!

Barbarino.

Doch wen triffts nun von uns Beiden?

Malvolio.

Mich den Ersten!

Barbarino.

Eitler Wahn!
Eher mag der Stahl entscheiden.
(Zieht den Dolch und fällt gegen ihn aus.)

Malvolio
(ebenso).

Sei's, mein Dolch macht sich're Bahn.

Barbarino.

Schade um dein junges Leben.

Malvolio.

Für dein Weibchen wär es hart!

Barbarino.

Laß uns denn gemeinsam streben —

Malvolio.

Meinethalb! Mag's sein! Halbpart!

Beide.

O fürwahr, ein Spaß zum Lachen, ꝛc.

(Ritornell des vorigen Chores hinter der Scene.)

Nr. 8. **Finale.**

Malvolio.

Glockenklänge?

Barbarino.

Bunte Menge! —

Beide.

Hurtig hier zur Seite hin.

Malvolio.

Um zu lauschen —

Barbarino.

Rath zu tauschen —
Wie wir schlau den Streich vollzieh'n.

(Ziehen sich zurück.)

———

4. Scene.

Leonore. Stradella. Chor der Landleute.

Chor.

Froh durch's Leben
Hinzustreben,
Wandelt ihr nun Hand in Hand.
Reine Freude
Um euch Beide
Gürte stets ihr Rosenband. —
Voll Freudigkeit
Und Heiterkeit
Seh't der Gefährten Reih'n,
Den frohen Tag
Durch Lustgelag
Und munt'ren Scherz zu weih'n.

Recitativ.

Stradella.

Wohlan! Laßt heut', ihr munt'ren Gäste
Erlaben uns in trauter Lust,
Doch morgen, zum Madonnenfeste,
Erheb' in frommem Danke sich die Brust.

Chor.

Ja, morgen, zum Madonnenfeste,
Erheb' in frommem Danke sich die Brust.

Stradella. Leonore. Chor.

O! Daß immer doch im Leben
Wechselnd schwände so die Zeit.
Bald der Andacht fromm ergeben,
Bald der Heiterkeit geweih't!

Barbarino und Malvolio
(bei Seite).

Uns verfallen ist sein Leben,
Uns're Dolche sind bereit.
Dank dir, Zufall, der gegeben
Günstige Gelegenheit.

Stradella.

Doch jetzt, mein Weibchen, schnell
Herbei die Gaben
Aus Küch' und Keller — gastlich uns zu laben
Bei Schmaus und Sang ꝛc.

Chor.

Bei Schmaus und Sang
Und Becherklang,
Dem Scherz geweih't,
Enteil' die Zeit.
Die Falte schnell der Stirn entschwebt,
Sobald der Wein zum Hirn sich hebt.
Der Rebensaft
Gibt Muth und Kraft,
Regt Herz und Geist,
Macht klug und dreist,
Und färbt die Wangen rosenroth,
Verscheucht den Gram, verjagt die Noth.
Im Wein! Im Wein! Im Wein!
Da sitzt die Lust allein.

(Leonore, von einigen Bäuerinnen begleitet, bringt Becher
und Krüge aus dem Hause. Die Andern gruppiren sich um
den Tisch.)

---

5. Scene.

Vorige. Malvolio. Barbarino.

Barbarino.

Wär's wohl erlaubt die Lust zu theilen?

Malvolio.

Wär's wohl vergönnt, bei euch zu weilen?

Strabella.

Wer seid ihr, Freunde?

Malvolio.

Fromme Leute,

Barbarino.

Die zum Madonnenfeste nahen.

Malvolio.

Uns zog gar mächtig, aus der Weite
Strabella's Ruf, des Meisters, an,

Barbarino.

Der morgen, mit der Weihe Tönen
Die hohe Feier wird verschönen.

Strabella.

Seid mir willkommen! Ruh' und Obdach beut
Mit Freuden euch des Sängers Gastlichkeit.

Barbarino.

Habt Dank!

Malvolio.

Habt Dank!

Barbarino.

O daß der Himmel spende
Euch langes Leben —

Malvolio.

Und ein sanftes Ende —
(Das Zeichen des Todtstechens machend.)

Chor.

Bei Schmaus und Sang 2c.

(Leonore reicht Barbarino und Malvolio Becher.)

Trinklied.

Barbarino und Malvolio.

'rauß mit dem Naß aus dem Faß!
Flugs mit dem Naß in das Glas!
Flink mit dem Glas an den Mund!
Trink' dich, du Matter, gesund!
Sas! Sas! Sas! Sas!
Vom Faß zum Glas,
Vom Glas zum Mund,
Das ist gesund!

Rasch, steigt der Wein mir zu Kopf,
Faß' ich das Mädel beim Schopf,
Küß' ihr den rosigen Mund,
Das ist dem Mädel gesund.
Sas! Sas! Sas! Sas! 2c.

Muck' nicht, du Weib, mir zu Haus,
Guck' nicht so barsch nach mir aus,
Schluck's lieber nieder zur Stund',
Schlucken ist immer gesund!
Sas! Sas! Sas! Sas! 2c.

Chor.

Sas! Sas! Sas! Sas!

Ballet.

Einige.

Doch soll die Lust vollkommen sein,
Daß recht der Schmaus uns munde,

Andere.

So sing ein frohes Liedchen d'rein
Zum munt'ren Chor der Runde!

Strabella.

Von Herzen gern! Ich trage euch zum Chor'
Das Liedchen von Salvator Rosa vor.

Romanze.

Strabella.

's ist Nichts so schlimm als man wohl denkt,
Wenn man's nur recht erfaßt und lenkt.
Tief in den Abruzzen,
Da lauert im Moos
Und zielt mit den Stutzen
Der raubende Troß.
Husch! Husch!
Im Busch!
Habt Acht
Und wacht —
Und nah'n sie mit Kasten
Vom Golde zu schwer,
So nehmt ihre Lasten,
Es drückt sie zu sehr.
Tralalala!
Selbst bei den Räubern wohnt Erbarmen,
Selbst bei den Räubern wohnt Gefühl.
Nichts entreißen Sie den Armen,
Reichen nur das Allzuviel!
's ist Nichts so schlimm, als man wohl denkt,
Wenn man's nur recht erfaßt und lenkt.

Chor.

's ist Nichts so schlimm 2c.

Strabella.

Da nahet ein Wand'rer
„Wer bist du, Gesell?"
Ein Mensch, wie ein anb'rer,
Und raube gar schnell
Gleich euch,
Was reich
Und schön
Zu seh'n;
Ich plünd're, bestehle
Die ganze Natur,
Dem Tag seine Helle,
Die Blüthen der Flur.
Tralala!
Doch, wie ihr, hab ich Erbarmen,
Und wie ihr, hab ich Gefühl;
Denn bei Küssen und Umarmen
Geb ich wieder, was zu viel.
's ist Nichts so schlimm, als man wohl denkt,
Wenn man's nur recht erfaßt und lenkt.

Chor.

's ist Nichts so schlimm 2c.

Strabella.

Jo sono pittore
Gar flink bei der Hand,
Und bin Salvatore
Il rosa genannt,
In Kluft
Und Gruft
Und Graus
Zu Haus!
„Kam'rade! Magst bleiben
„Und stehlen in Ruh'

„Den Räubern ihr Treiben,
„Die Grillen ihr dazu."
                Tralala!
Edle Kunst macht selbst erwarmen
Des Banditen Mitgefühl —
Künstler nah'n stets off'nen Armen,
Finden überall Asyl.
's ist Nichts so schlimm, als man wohl denkt,
Wenn man's nur recht erfaßt und lenkt.

Chor.

's ist Nichts so schlimm rc.

Malvolio.

Edle Kunst macht selbst erwarmen
Des Banditen Mitgefühl —

Barbarino.

Und der Künstler beut dem Armen
Gastlich Obdach und Asyl. —

Chor.

Sas! Sas! Sas! Sas! rc.

(Stradella zieht sich mit Leonore in's Haus zurück, den
Banditen ein Zeichen gebend, ihnen zu folgen; diese sehen
sich bedenklich an und folgen langsam und kopfschüttelnd.)

Dritter Aufzug.

(Vorhalle in Stradella's Haus. Den Hintergrund bildet ein großer Vorhang zu einer Veranda.)

1. Scene.

Leonore. Stradella. Malvolio. Barbarino.

Nr. 9. Wechselgesang.

Stradella.

Italia! Mein Vaterland,
Wie bist du schön zu schauen,
Umwallt vom blauen Wogenbrand,
Bekränzt mit Blüthenauen.
Dich preis't mein Mund — dir tönt mein Sang,
Dir schlägt mein Herz in heißem Drang.

Leonore.

Ich lobe mir Roma's heilige Mauern,
Erhab'ner Kuppeln mächt'gen Bau.
Es füllt die Brust mit frommen Schauern,
Zum Herzen spricht's: auf Gott vertrau!
Und der Campagna Wogenhügel,
Wie herrlich, wenn Aurora glüht,
Die Lerche hebt die leichten Flügel
Und zwitschert sanft ihr Morgenlied.
La! la! la!

Barbarino.

Preis't Rom's und Venezia's
Mirakel! Will's glauben
Ich hält's mit Laspezia's
Durchzuckerten Trauben.
Toscana, die Hebe,
Kredenzet mir Wein,
E viva! Sie lebe!
Ihr sing' ich allein!
La! La! La!

Malvolio.

Ich lob' mir Neapel,
Den sonnigen Brand,
Da ruh' ich im Stapel
Und gähne am Strand,
Und schluck' Maccaroni
Herein ohne End'
Mit euch Lazzaroni
Beim dolce far' nient'.
Ich schlaf' alla stella
Vom Himmel bedeckt,
Und tanz' Tarantella,
Wenn's Liebchen mich weckt!
La! La! La!

Alle vier.

Italia, mein Vaterland,
Wie bist du schön zu schauen,
Umkränzt 2c.

Nr. 10. Pilger=Chor
(hinter der Scene).

Rosig strahlt die Morgensonne,
Heilige, um dein Gnadenbild,

Kündet froh den Tag der Wonne,
Unsern Blicken freud'erfüllt.
Sieh', wir nah'n mit Strahlenkerzen,
Blumenkranz und Opferduft —
Unser Sang aus frommen Herzen
Deinen Segen niederruft.

Leonore

Pilger nah'n. — Mit frommen Händen
Schmücken sie der Jungfrau Bild —
Laßt auch uns die Gaben spenden,
Ihr, der Hohen, gnad'erfüllt.

Beide.

Frische Rosen laß uns pflücken,
Und dann wallen Hand in Hand,
Der Erhab'nen Bild zu schmücken
Mit dem reichen Blüthenband.

(Alle rechts und links durch die Thüren ab.)

---

2. Scene.

Bassi, den Kopf durch den Vorhang steckend, später
Malvolio und Barbarino.

Recitativ.

Bassi.

Das Haus scheint leer? — Wie, wär' es schon ge=
lungen —
Was meine Rache strafend ihm erdacht?

Dem Sänger wär' sein Sterbelied gesungen?
Ha! Leute dort — hier gilt es, schlau bedacht.

(zieht sich zurück.)

Nr. 11. Terzett.

Malvolio.

Sag' doch an, Freund Barbarino,
Wie nun steht's um uns're That!

Barbarino.

Sag' du selbst, Freund Malvolino,
Was beschloß dein weiser Rath?

Malvolio.

Nun — fürwahr! — Bei meiner Ehre,
Gerne laß ich dir's allein.

Barbarino.

So? Wahrhaftig? — Ei das wäre
That und Lohn sei beides dein.

Malvolio.

Nicht doch. —

Barbarino.

Ja doch!

Malvolio.

Muß verbitten.

Barbarino.

Dein die Beute —

Malvolio.

Dein der Ruhm.

Barbarino.

Keiner gleicht dir unbestritten. —

Malvolio.

Jeder weicht dir ringsherum.

Barbarino.

D'rum leb' wohl — ich mag's nicht wagen —
Lach' mich aus! Mir fehlt der Muth.

Malvolio.

Vale, Freund — und laß dir's sagen,
Bin dem Sänger gar zu gut.

Bassi
(der indeß näher getreten)

Wie? Was hör' ich?

Beide.

Ha! Der Alte.

Bassi.

Haltet so ihr euer Wort?

Malvolio.

Ei! Du kannst dein Gold behalten!

Barbarino.

Nimm den Bettel und mach' fort!

Bassi.

Was ihr versprochen?

Beide.

Wird nicht vollführt!

Bassi.

Das Wort gebrochen?

Beide.

Da liegt's quittirt!

3 *

Baffi.

Ihr nennt Banditen euch?

Beide
(nach dem Dolche greifend).

Nicht zweifle länger.

Baffi.

Und euch macht Furcht so bleich
Vor einem Sänger?

Barbarino.

Ja!
„Edle Kunst macht selbst erwarmen
„Des Banditen Mitgefühl;
„Und der Künstler bot dem Armen
„Gastlich Obdach und Asyl."

Baffi.

Ich bin betrogen,
Ich bin belogen,
Von diesen Thoren
Zum Spott erkoren.
Und rein verloren!
Wenn man entdeckte,
Was ich bezweckte,
Wär's mit mir aus.

Beide.

Er ist betrogen,
Da ihm entzogen
Den zu durchbohren
Er uns erkoren.
Zu tauben Ohren
Spricht der Geneckte,
Was er bezweckte,
Damit ist's aus!

(Sie wollen gehen.)

Bassi.

Halt! Ein Wort noch!

Malvolio.

Ich muß eilen,
Meine Gattin harret mein.

Bassi.

Aber hört' doch —

Barbarino.

Kann nicht weilen,
Muß erzieh'n die Kinderlein.

Bassi.

Doch — verdoppelt' ich die Summe,
Thätet ihr es wohl vielleicht?

Barbarino.

Schweig, Versucher, und verstumme, —

Malvolio.

Apage! Laßt ab und weicht.

Bassi
(schmeichelnd).

Zwanzig Dukaten,
Kommt, laßt euch rathen,
Sie liefern Braten
Für Weib und Kind.

Beide.

Seid schlecht berathen,
Was sind Dukaten
Für solche Thaten,
Der Todessünd'?

Bassi.

Noch zehn darüber —

Malvolio.

Nicht doch, mein Lieber —

Bassi.

Zehn noch daneben.

Barbarino.

Nichts! Er bleibt leben.

Bassi.

Hundert wiegt dieses Gold.

Malvolio.

Wie singt Strabella hold!

Bassi.

Fünfzig dazu gezollt.

Barbarino.

Wie er die Töne rollt!

Bassi.
Ich bin betrogen 2c.

Beide.
Er ist betrogen 2c.

Bassi.

Zweihundert will ich euch denn geben.

Malvolio
(zaudernd).

Zweihundert!

Barbarino
(kopfschüttelnd).

Doch ein Künstlerleben!

Malvolio.

Jetzt — wo die ersten Sänger rar. —

Barbarino.

Man sagt, sie fehlen ganz und gar.

Bassi.

Noch zwanzig —

Barbarino.

Opernbirektoren

Bezahlen doppelt, wenn wir's weigern.

Bassi.

Will's zu zweihundert fünfzig steigern.

Malvolio.

Gebuld! Bis er die Stimm' verloren.

Barbarino.

Das währt nie lang!

Bassi.

Dreihundert, sag' ich.

Malvolio

(heimlich).

Was meinst du, hm?

Barbarino

(ebenso).

Das eben frag' ich.

Bassi.

Dreihundert — wollt ihr oder nicht?

Malvolio.

Fragt den!

Barbarino.

Hört zu, was der da spricht.

Beide.

Nein! Nein! Nein! Nein!

Es kann nicht sein!

(Sie wenden sich zum Gehen.)

Bassi.

Vierhundert denn! Mein letztes Wort!

Beide.

Vierhundert!

Bassi.

Doch gleich hier am Ort
Den Sänger jenseits expedirt
Und die Signora schnell entführt.

Barbarino.

Je nun, weil Ihr's seid, will ich's wagen.

Malvolio.

Doch erst die Hälfte abgetragen.

Barbarino.

Zweihundert jetzt —

Malvolio.

Zweihundert später.

Bassi.

Hier meine Freunde!

Die Verräther!

Es ist gelungen,
Ich hab's errungen,
Sie sind bezwungen
Und fest gedungen —
Gold hats erschwungen;
Eh' er gesungen,
In's Herz gedrungen
Ist ihm der Stahl.

Barbarino. Malvolio.

Es ist gelungen,
Er hat's errungen,
Wir sind bezwungen
Und fest gedungen —
Gold hat's erschwungen;
Eh' er gesungen,
In's Herz gedrungen
Sitzt ihm der Stahl.

Bassi.

Aber still — ich höre nah'n.

Malvolio.

's ist der Sänger — hier probiren
Wird er —

Barbarino.

Ja! Sein Lied sich einstudiren.

Bassi.

Wohl! Der Rache Stund' bricht an.

Terzettino.

Ruhig! Leise! Stille! Sacht!
Laßt uns sinnen, fein bedacht!
Habet Acht und haltet Wacht!
Theurer Sänger — gute Nacht!

(Alle drei gehen ab.)

---

3. Scene.

Nr. 12. Finale.

Strabella.

Wie freundlich strahlt der Tag — die buntgeschmückte
Menge
Erfüllt die Gassen rings und Flur und Thal,
Von allen Seiten strömt's in wogendem Gedränge,
Kaum faßt der weite Markt der frommen Wand'rer
Zahl, —
Doch — wenn der Sänger sich des Ruhmes unwerth
zeigte?

Wenn Zagen ihn befiel? Wenn ihn die Angst er=
schlafft?
Madonna! Steh' mir bei, du hilfreich stets Geneigte,
Und leih' zum schönen Ziel Begeisterung mir und
Kraft!

---

4. Scene.

Strabella. Bassi. Malvolio. Barbarino und Leonore.

Hymne.

Jungfrau Maria! Himmlisch Verklärte!
Hohe Madonna! Mutter des Herrn!
Blicke hernieder, gläubig Verehrte!
Freundlich und milde vom hohen Stern.

Bassi
(leise zu Malvolio).

Jetzt ist es Zeit!

Malvolio.

Wie! Im Gebet ihn stören?

Bassi
(zu Barbarino).

Auf, zaub're nicht!

Barbarino.

So herrlich ist's zu hören.

Strabella.

O! Erleuchte den Verlockten,
Daß er kehre zum Guten zurück!
Aber strafe den Verstockten,
Der dir trotzet mit höhnischem Blick!

Wehe den Sündern
Voll Frevelmuth!
Weh' ihren Kindern,
Weh' ihrem Blut!
Nicht hier, nicht dorten
Finden sie Heil!
Fluch — aller Orten
Werde ihr Theil!

Malvolio.

Entsetzlich! Ich wanke! —

Barbarino.

Ich bebe! Ich wanke!

Strabella.

Doch verzeihe,
Wenn die Reue
Den Verführten zu dir zieht!
Wenn er betend,
Schamerröthend,
Heilige Jungfrau, vor dir knie't.
Selbst dem Sünder sei vergeben,
Wenn der Schuld er sich bewußt,
Und zu sühnevollem Streben,
Neu sich stärket seine Brust.

Alle.

Selbst dem Sünder sei vergeben,
Wenn der Schuld er sich bewußt,
Und zu sühnevollem Streben
Neu sich stärket seine Brust.

Strabella.

Was seh' ich? Wie?

Leonore.

Mein Vormund.

Strabella.

Ihr bewehret?

Malvolio.

Ja! Frevelnd nahten wir —

Barbarino.

Dein Sang hat uns bekehret!

Baffi.

Verzeihet und vergeßt! — O! Nennt mich Freund
fortan!

Strabella und Leonore.

Von Herzen.

Malvolio und Barbarino.

Hier dein Gold!

Baffi.

Euch bleibt's.

Beide.

Wir nehmen's an.

(Der Vorhang wird weggezogen, man erblickt viele Pilger
und Volk.)

Schluß=Chor.

Fromme Menge
Im Gedränge
Harrt des Sängers freud'erfüllt —
Hört die Glocken,
Freundlich locken

Sie zum hohen Gnadenbild, —
In Freudigkeit zum Festgeleit,
Nahen der Gefährten Reihen
Und führen ihn
In Jubel hin,
Das schöne Fest zu weihen,
Segen fleh' er auf uns nieder
Vom erhab'nen Himmelsthron —
Und begeisternd schalle wieder
Rings der Andacht Feierton.